[illegible]

SOLFÈGE-PRIMAIRE

A l'usage des

ÉCOLES PRIMAIRES, MAITRISES, SÉMINAIRES, ÉCOLES NORMALES,
LYCÉES, ETC., ETC.

suivi de

SEPT PETITS CHŒURS FACILES, A DEUX VOIX

Pouvant se chanter dans les Écoles primaires aux changements d'exercices

par

Honoré BELLIVIER

Maître de Chapelle de la basilique Notre-Dame et Saint-Castor
Professeur de musique à l'École normale primaire de Nîmes

Prix net : 1 franc

SE TROUVE A NIMES

A la librairie de Mme ALAIS, boulevard St-Antoine, 8, ou chez l'Auteur,
8, boulevard des Calquières, 8.

1878

SOLFÉGE-PRIMAIRE

Tout exemplaire contrefait sera poursuivi.

A MES ÉLÈVES

SOLFÉGE-PRIMAIRE

A L'USAGE DES

ÉCOLES PRIMAIRES, MAITRISES, SÉMINAIRES, ÉCOLES NORMALES, LYCÉES, ETC. ETC.

SUIVI DE

SEPT PETITS CHŒURS FACILES, A DEUX VOIX

Pouvant se chanter dans les Écoles Primaires, aux changements d'Exercices

PAR

Honoré BELLIVIER

Maître de Chapelle de la basilique Notre-Dame et Saint-Castor,

Professeur de musique à l'École normale primaire de Nimes.

Prix net : 1 franc

SE TROUVE A NIMES

A la librairie de Mme ALAISE, boulevart St-Antoine, 8, ou chez l'Auteur, 8, boulevart des Calquières, 8.

1878

PRÉFACE

Notre but en publiant ce *Solfége-primaire* a été de rendre plus agréables et plus faciles les premières études musicales. Dans les solféges en usage aujourd'hui, et aux mérites desquels nous sommes les premiers à rendre justice, notre longue expérience de l'enseignement nous a montré une lacune que nous voudrions combler. On s'est peut-être persuadé trop facilement que l'enfant pouvait aborder l'étude de l'*accord parfait* et de ses *renversements*, sans s'être familiarisé auparavant par une série d'exercices gradués avec l'étude des intervalles. L'étude graduée et patiente des intervalles peut seule, à notre avis, donner à l'élève la sûreté de l'intonation que réclamera de lui plus tard l'étude de l'accord parfait. L'étude des intervalles a de précieux avantages ; elle offre peu de difficultés à l'enfant : au moyen de leçons courtes et fréquentes elle l'habitue à chanter sans peine et sans hésitation ; elle lui permet enfin de faire marcher de front l'étude du rhythme et de l'intonation. Nous avons pu nous-même, pendant plusieurs années, appliquer notre méthode, et les résultats excellents que nous en avons obtenus, nous ont engagé à publier notre modeste travail.

Puisse-t-il contribuer à répandre le goût de la musique, en aplanissant les difficultés qui rebutent les élèves et découragent trop souvent les maîtres. Nous ne voulons point d'autre récompense pour cette œuvre, fruit d'un travail de longues années consacrées tout entières à l'enseignement de la musique.

H. Bellivier.

Nîmes, le 19 juin 1878.

PREMIÈRE PARTIE

La musique est l'art de combiner les sons.

En musique on compte sept notes : *Do* ou *ut, ré, mi, fa, sol, la, si.*

On appelle *portée* cinq lignes horizontales qui servent à écrire les notes.

EXEMPLE :

On place les notes sur les lignes et dans les interlignes. Les lignes de la portée se comptent de bas en haut. Lorsque les cinq lignes de la portée ne suffisent pas, on ajoute d'autres petites lignes que l'on nomme lignes supplémentaires. EXEMPLE :

Une note contient deux choses : sa tonalité et sa valeur. La *tonalité* d'une note dépend de la place qu'elle occupe sur la portée. Sa *valeur* dépend de sa forme.

CLEFS

On appelle clef un signe que l'on place au commencement de la *portée* pour fixer le nom des notes. Il y a trois sortes de clefs : la clef de *sol* 𝄞 qui se place sur la seconde ligne ; la clef de *fa* 𝄢 qui se place sur la quatrième ligne et la clef d'*ut* 𝄡 qui se place ou sur la première, ou la deuxième, ou la troisième ou bien sur la quatrième ligne.

La clef de *sol* 𝄞 est celle qui est le plus en usage, par conséquent ce sera celle qui nous servira pour la plus grande partie de notre *Solfège-primaire.*

GAMME

En ajoutant aux sept notes déjà nommées la première *do*, on a une succession de huit sons, qui forme une échelle que l'on nomme gamme.

La gamme se divise en deux parties égales ; chacune de ces parties se nomme tétracorde. Le premier *tétracorde* se compose des quatre premières notes de la gamme, qui sont :

Ces notes sont séparées entre elles par une distance que l'on nomme ton ou demi-ton. Le demi-ton est le plus petit intervalle qui existe entre deux notes.

Les tons, dans le 1er tétracorde, sont placés, le 1er entre la 1re et la 2e note (*do* et *ré*) ; le 2e entre la 2e et la 3e note (*ré* et *mi*). Le demi-ton est entre la 3e et la 4e note (*mi* et *fa*). Tous les tétracordes majeurs, sans distinction, doivent avoir leurs tons et demi-tons placés aux mêmes degrés (Les notes prennent souvent le nom de degrés). EXEMPLE du 1er Tétracorde :

INTERVALLES

On appelle intervalle, la distance qui sépare deux notes. Les intervalles sont : l'intervalle de *seconde*, de *tierce*, de *quarte*, de *quinte*, de *sixte*, de *septième*, d'*octave*, de *neuvième*, etc.

On appelle intervalle de seconde, celui qui existe entre deux notes qui se suivent. EXEMPLE :

L'intervalle de seconde est majeur, lorsqu'il est composé d'un ton. Ainsi *do ré*, et *ré mi* sont des secondes majeures ; et il est mineur, lorsqu'il n'est composé que d'un demi-ton : *mi* et *fa* est une seconde mineure.

On appelle intervalle de tierce celui qui existe entre trois notes. EXEMPLE :

L'intervalle de tierce est majeur, lorsqu'il se compose de deux tons, et mineur lorsqu'il se compose d'un ton et demi. De *do* à *mi*, la tierce est majeure parce qu'elle a deux tons. De *ré* à *fa*, la tierce est mineure parce qu'elle n'a qu'un ton et demi.

L'intervalle de quarte se compose de quatre notes. Cet intervalle se nomme *juste* lorsqu'il est composé de deux tons et demi, et *augmenté* lorsqu'il se compose de trois tons. De *do* à *fa* la quarte est juste. EXEMPLE :

On appelle intervalle de quinte, un intervalle de cinq notes. Cet intervalle est *juste* ou *diminué*.

L'intervalle de sixte est de six notes ; il est majeur ou mineur.

L'intervalle de septième se compose de sept notes ; il est majeur ou mineur.

L'intervalle d'octave se compose de huit notes ; il ne varie pas.

EXERCICES POUR APPRENDRE A CONNAITRE LE NOM DES NOTES DU 1er TÉTRACORDE : *Do, ré, mi, fa* (*a*).

EXERCICES SUR L'INTONATION

Intervalle de seconde.

(*a*) Nota. Le maître devra écrire ces quatre notes sur le tableau noir. Il les nommera et les fera lire aux élèves séparément et en intervertissant leur ordre. Ce ne sera que lorsque tous les élèves les liront sans hésiter, qu'il passera à l'exercice suivant. Lorsqu'il sera assuré que tous les élèves connaissent le nom des notes (ce qui ne pourra pas être long) il les fera chanter tous ensemble. Il aura le soin aussi de les habituer à chanter isolément de temps en temps. Nous recommandons surtout, de ne pas se servir d'instrument ; les leçons sont composées dans ce but.

L'élève devra toujours chanter *piano*, autrement dit à *voix de tête*. Sitôt qu'un élève chantera fort, le maître l'arrêtera instantanément. Ce moyen lui facilitera l'étude de la tonalité sans le fatiguer.

Intervalle de tierce.

MESURES

Il y a deux sortes de mesures : les mesures simples et les mesures composées. On appelle mesures simples celles dont les temps sont binaires, c'est-à-dire divisibles par 2. Elles sont au nombre de trois, savoir : la mesure à quatre temps, la mesure à trois temps et la mesure à deux temps.

On appelle mesures composées, celles dont les temps sont ternaires, c'est-à-dire divisibles par 3. Ce sont les mesures à $\frac{6}{8}$ à $\frac{9}{8}$ et à $\frac{12}{8}$

Nota. Nous recommandons de ne pas trop insister sur chaque numéro ; ces exercices se renouvelant sous d'autres formes rendent la répétition inutile, et l'élève a plus d'application.

MESURES SIMPLES

La mesure à quatre temps, s'indique par un C ou un 4. Le 1er temps de cette mesure est fort, le 2e est faible, le 3e est fort et le 4e est faible.

Mesure à quatre temps. EXEMPLE :

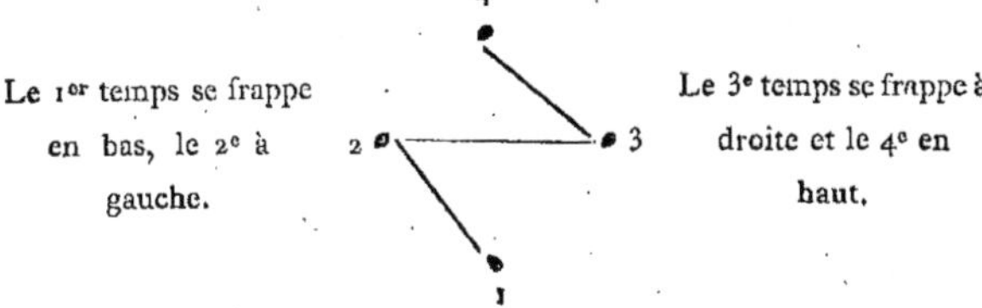

La mesure à trois temps se marque par $\frac{3}{4}$ ou 3 simplement. Le 1er temps est fort, le 2e et le 3e sont faibles. Le 1er temps se frappe en bas, le 2e à droite et le 3e en haut. EXEMPLE :

La mesure à deux temps se marque par un ¢ ou un 2 ou $\frac{2}{4}$ Le 1er temps est fort, le 2e est faible. Elle se frappe de bas en haut. EXEMPLE :

2

1

Nous avons dit (page 3) que la valeur d'une note dépendait de sa forme. Voici les différentes formes de notes : la ronde 𝅝, la blanche 𝅗𝅥, la noire 𝅘𝅥, la croche 𝅘𝅥𝅮, la double croche 𝅘𝅥𝅯, etc.

VALEUR DES NOTES

La ronde 𝅝 vaut 4 temps.
La blanche 𝅗𝅥 vaut 2 temps.
La noire ♩ vaut 1 temps.
La croche ♪ vaut 1/2 temps.
La double-croche 𝅘𝅥𝅯 vaut 1/4 de temps.

SILENCES

On appelle silences des signes qui servent à laisser reposer la voix ou à séparer des phrases ou des parties de phrases musicales. Il y a autant de silences que ce qu'il y a de différentes formes de notes.

Les silences sont : la *pause*, la *demi-pause*, le *soupir*, le *demi-soupir*, le *quart-de-soupir*, etc.

La pause 𝄻 vaut 4 temps, elle équivaut à la ronde 𝅝
La 1/2 pause 𝄼 vaut 2 temps, — blanche 𝅗𝅥
Le soupir 𝄽 vaut 1 temps, il — une noire ♩
Le 1/2 soupir 𝄾 vaut 1/2 temps, — croche ♪
Le 1/4 de soupir 𝄿 vaut 1/4 de temps, il équivaut à la double croche 𝅘𝅥𝅯.

MESURE A 2 TEMPS

Les mesures se séparent au moyen de barres verticales que l'on nomme barres de mesures. La *blanche* vaut 2 temps.

Intervalle de seconde.

Il est utile de faire battre plusieurs *mesures d'avertissements* avant de commencer.

L'élève doit toujours chanter à demi-voix.

Intervalle de quarte.
69
70
71
72
73
74
EXERCICES SUR LA NOIRE
75
76
77
78
79
80
EXERCICES SUR LE SOUPIR
81
82
83
84
85
86
87
Intervalle de tierce.
88
89
90
91
92
93

EXERCICES SUR LES *BLANCHES* ET LES *NOIRES*

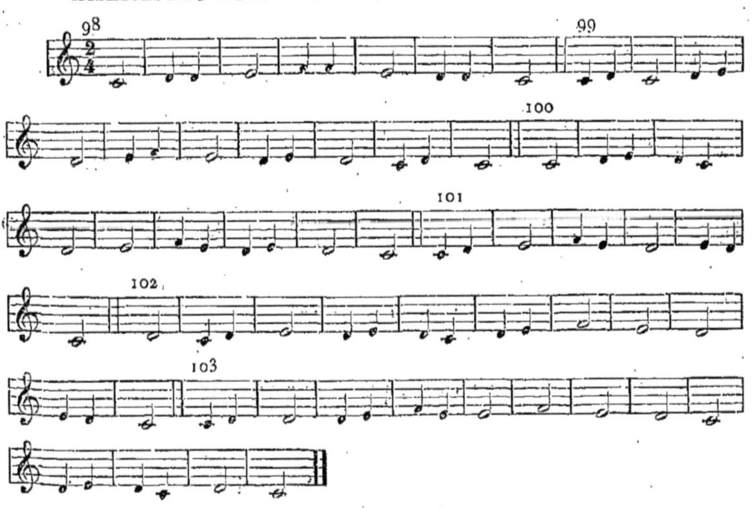

Intervalle de tierce.

DEUXIÈME PARTIE

2e TÉTRACORDE

Le 2e Tétracorde : *sol, la, si, do*, a la même disposition vocale que le 1er. Entre la 1re et la 2e note *(sol* et *la)* un *ton*. Entre la 2e et la 3e *(la* et *si)* un *ton*. Entre la 3e et 4e *(si* et *do)* un *demi-ton*.

L'étude du 2e Tétracorde doit se faire exactement comme l'étude du 1er, c'est-à-dire que le maître doit écrire les *quatre* notes suivantes sur le tableau, et suivre les indications de la page 5.

Après avoir lu ces notes, les élèves doivent chanter à *demi-voix*.

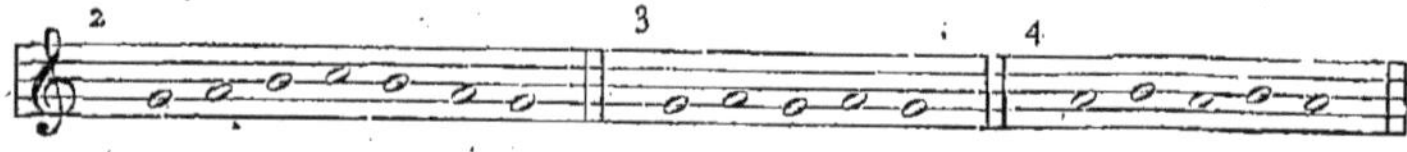

Le maître devra toujours faire chanter aux élèves, avant la fin de chaque leçon, quelques exercices du 1er *Tétracorde*.

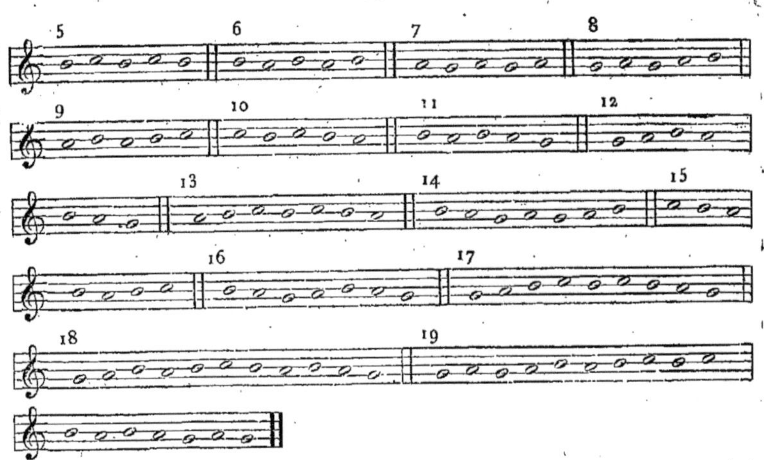

Intervalle de tierce.

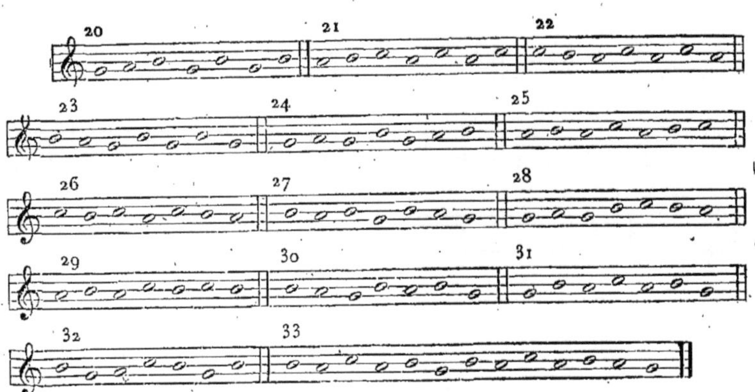

Intervalle de quarte.

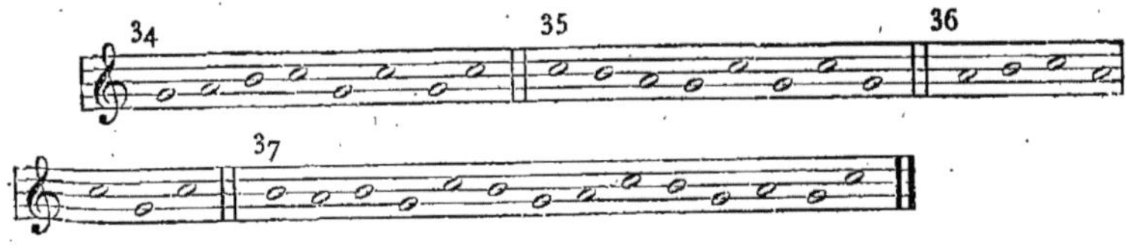

L'élève doit toujours chanter à demi-voix.

MESURE A 3 TEMPS

Le *point*, placé après une note, augmente cette note de la moitié de sa valeur. La *blanche pointée* vaut 3 temps.

Intervalle de seconde.

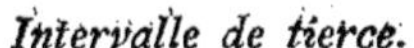

Intervalle de tierce.

Intervalle de quarte.

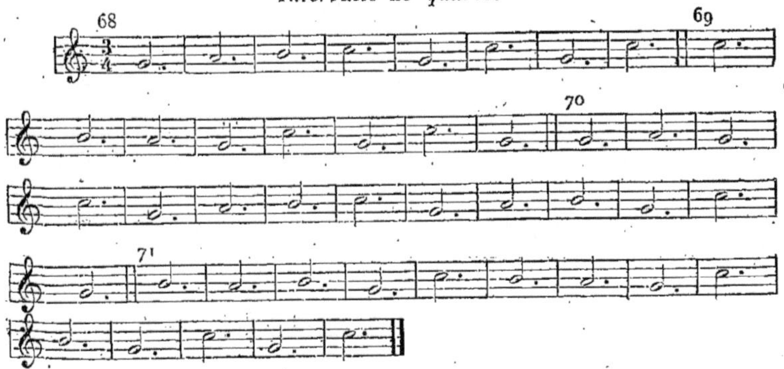

EXERCICES SUR LA *BLANCHE* ET LA *NOIRE*

Intervalle de seconde.

EXERCICES SUR LE *SOUPIR*

Intervalle de tierce.

Intervalle de quarte.

SUITE DES EXERCICES SUR LE *Soupir*.

Intervalle de seconde.

Intervalle de tierce.

Intervalle de quarte.

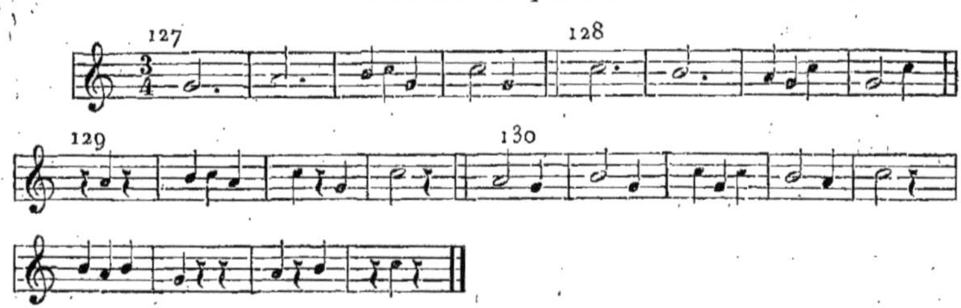

TROISIÈME PARTIE

En réunissant le 2e Tétracorde au 1er Tétracorde on obtient une succession de 8 notes qui forme la gamme majeure :

1er Tétracorde. 2e Tétracorde.

6

7

8

9

10

EXERCICES SUR LA *BLANCHE*

EXERCICES SUR LA *NOIRE*

Intervalle de tierce.

La *tierce majeure* se compose de deux tons. La *tierce mineure* se compose d'un ton et demi.

La partie chantant le nº 2 commencera au nº 1 quand la 1re partie sera arrivée au nº 2.

Les *barres de reprise* indiquent qu'il faut reprendre au commencement ou à un point correspondant.

Intervalle de quarte.

La *quarte juste* se compose de deux tons et demi.

SYNCOPES

La *syncope* est un son qui commence sur un temps faible et qui se prolonge sur un temps fort. (Voir page 7 les temps forts et les temps faibles). Il y a deux sortes de *syncope:* la *syncope simple* et la *syncope brisée.* La *syncope simple* est celle dont les parties sont égales, la *syncope brisée* est celle dont les parties sont inégales.

La division des temps suit la même règle que celle des *mesures.* Lorsqu'un temps est divisé en deux parties, la 1re est forte et la 2me est faible. Lorsqu'il est divisé en trois parties, la 1re est forte et les deux autres sont faibles.

Lorsque deux notes ayant le même nom et la même intonation sont liées, on ne nomme que la première ; la deuxième est chantée sans être nommée.

Intervalle de quinte.

La *quarte* se compose de trois tons et demi.

Intervalle de sixte.

La *sixte majeure* se compose de quatre tons et demi. La *sixte mineure* se compose de quatre tons.

Intervalle de septième.

La *septième majeure* se compose de cinq tons et demi. La *septième mineure* se compose de cinq tons.

Intervalle d'octave.

L'*octave* se compose de cinq tons et deux demi-tons.

(1) Lorsqu'un morceau commence par des *silences*, il est d'usage de les supprimer, quoique la première *mesure* ne soit pas complète.

70 1 CANON 2

QUATRIÈME PARTIE

EXERCICES POUR LES NOTES AIGUËS

(Ré, mi, fa, sol.)

1

Le maître suivra les indications données à la page 5.

EXERCICES D'INTONATION

Tierces.

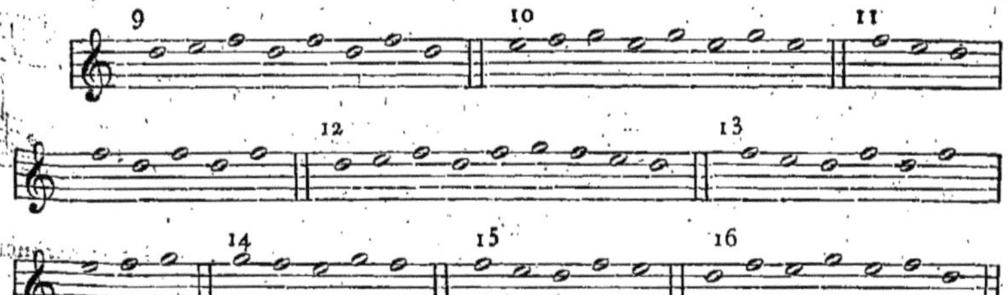

17
18
19
20
1re partie
2e partie
3e partie
Secondes.
21
22
23
24
1 CANON
2
Tierces.
25
26

Le *renvoi* 𝄋 est un signe qui remplace les barres de reprise ; il faut reprendre au signe correspondant.

Quartes.

40
41
1
CANON
2
Septièmes.
42
43
44
45
1
CANON
2
3
Octaves.
46
47

EXPLICATION DES DIFFÉRENTS TERMES ITALIENS

EMPLOYÉS EN MUSIQUE

Mouvement

Largo	Large, sévère.
Lento	Lent.
Larghetto.	Moins lent.
Adagio.	Posément, lentement.
Andante	Tranquille.
Andantino	Un peu plus vite qu'*Andante*.
Allegretto ou *Allto*	Un peu vite.
Allegro ou *Allo*	Vite.
Presto	Très-vite.
Moderato.	Modéré.

Expression

Piano ou *P*.	Doucement.
Dolce.	Doux.
Pianissimo ou *PP*	Très-doucement.
Forte ou *F*.	Fort,

Fortissimo ou *FF*	Très-fort.
Crescendo ou *cresc.* ou ＜ . .	En augmentant le son.
Decrescendo ou *decresc.* ou ＞	En diminuant le son.
Rallentando ou *rall*	En rallentissant.
Ritardando ou *rit*	En retardant
A 1° tempo	Au premier mouvement.
Ad libitum	A volonté.
Poco à poco	Peu à peu.

POINT D'ORGUE

Le *point d'orgue* 𝄐 est un signe que l'on place sur une note pour en prolonger le son.

Le *point d'arrêt* 𝄐 est un signe que l'on place sur un *silence* pour suspendre momentanément la *mesure*.

CANON AVEC PAROLES

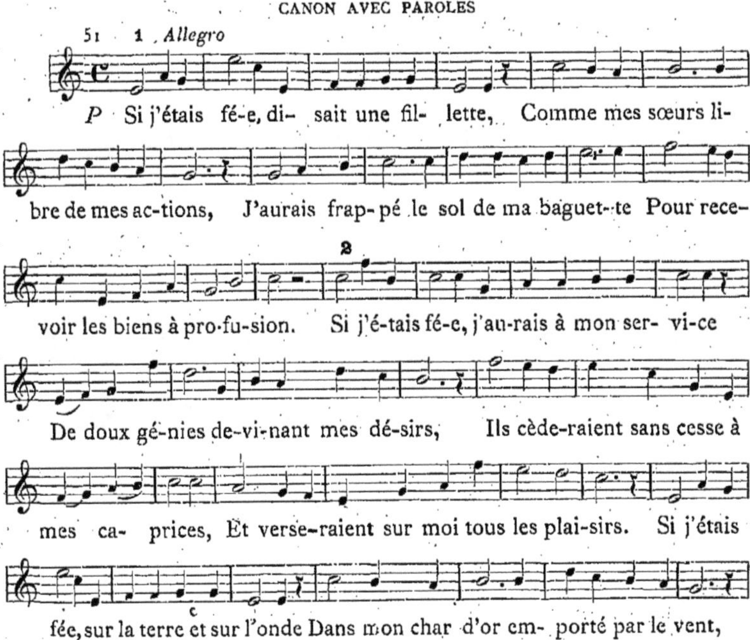

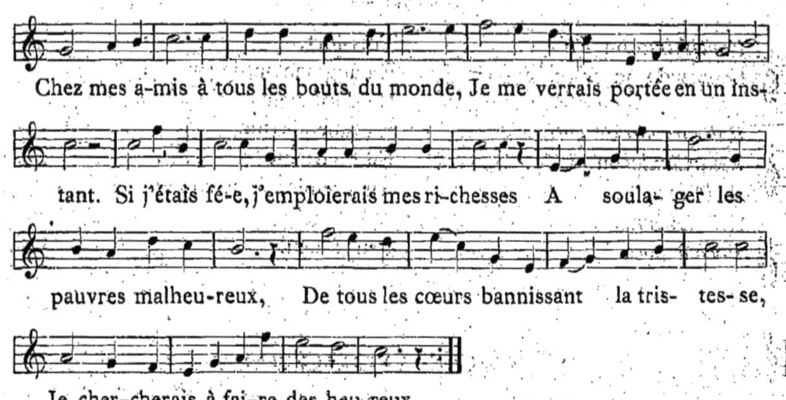

CINQUIÈME PARTIE

EXERCICES SUR LA *CROCHE*

5

6

7

8

9

10

11

12

13

14

15

La *noire pointée* vaut un temps et demi.

EXERCICES SUR LE *DEMI-SOUPIR*

Tierces.

25 1 CANON
2
Quartes.
26
27
28 1 CANON
2
Quintes.
29
30
31
32 1 CANON

2
Sixtes.
33
34
35
36 1 CANON
2
Septièmes.
37
38
39
40 1 CANON

2
Octaves.
41
42
3
4
A DEUX PARTIES
43
2
4

SIXIÈME PARTIE

RENVERSEMENT DES INTERVALLES

On appelle renverser un *intervalle*, changer la note *grave* en note *aigüe* et *vice versa*.

EXEMPLE : *etc.*

L'*intervalle* de *seconde* renversé, devient un *intervalle* de *septième*.

—	*tierce*	—	—	*sixte.*
—	*quarte*	—	—	*quinte.*
—	*quinte*	—	—	*quarte.*
—	*sixte*	—	—	*tierce.*
—	*septième*	—	—	*seconde.*
—	*octave*	—	—	*unisson.*

L'intervalle *augmenté* a un demi-ton de plus que l'intervalle *majeur* ; l'intervalle *diminué* a un demi-ton de moins que l'intervalle *mineur*.

SIGNES ALTÉRATIFS

Le *dièze* ♯ est un signe qui hausse l'intonation d'une note d'un demi-ton.

Le *bémol* ♭ est un signe qui baisse l'intonation d'une note d'un demi-ton.

Le *bécarre* ♮ est un signe qui détruit l'effet du ♯ ou du ♭.

Le *double-dièze* 𝄪 ou x est un signe qui hausse l'intonation de la note d'un ton.

Le *double-bémol* ♭♭ est un signe qui baisse l'intonation de la note d'un ton.

Pour détruire l'effet du 𝄪 ou du ♭♭ on emploie le ♮ suivi du signe altératif simplifié ♮♭ ou ♮♯.

EXERCICES SUR LE *DIÈZE* (♯)

9
10
11
12
13
14
15
16
17
18
19
20
21
22
23
24
25
26
27
28
29
30
31
32
33
34
35
36

EXERCICES SUR LE *BÉMOL* (♭)

37 38 39

40 41

42 43 44

45 46 47

48 49 50

51 52 53 54

55 56

57 58

59 60 61

62

63

GAMME CHROMATIQUE

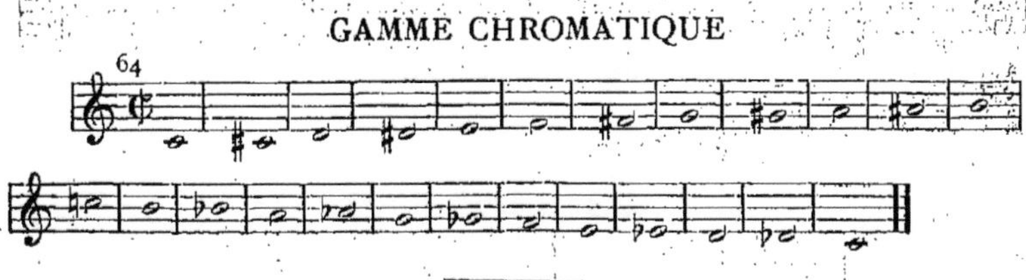

TABLEAU

DES NOTES USITÉES DANS LE CHANT EN *Clef de Sol.*

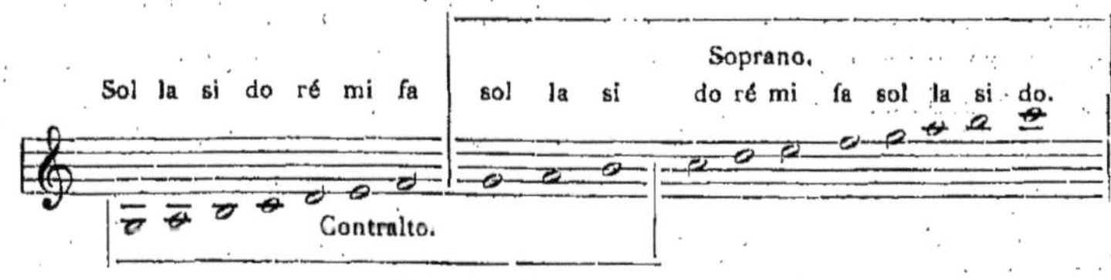

On appelle *armure*, les dièzes ou bémols que l'on place à la clef et qui ont de l'effet pendant toute la durée du morceau.

On appelle *accidents*, les dièzes ou bémols qui sont écrits dans le courant du morceau ; leur valeur ne dépasse pas la mesure dans laquelle ils sont placés.

Il y a deux sortes de modes : le mode *majeur* et le mode *mineur*.

Le mode mineur est toujours une *tierce* mineure au-dessous du mode majeur.

GAMMES MINEURES

Il y a deux sortes de gammes mineures : la gamme mineure *naturelle*, et la gamme mineure *altérée*.

La gamme mineure *naturelle* a ses demi-tons placés de la 2e à la 3e note, de la 5e à la 6e et de la 7e à la 8e note. (Il est d'usage dans toutes les gammes mineures, de monter la 7e d'un demi-ton).

EXEMPLE DE LA GAMME MINEURE NATURELLE

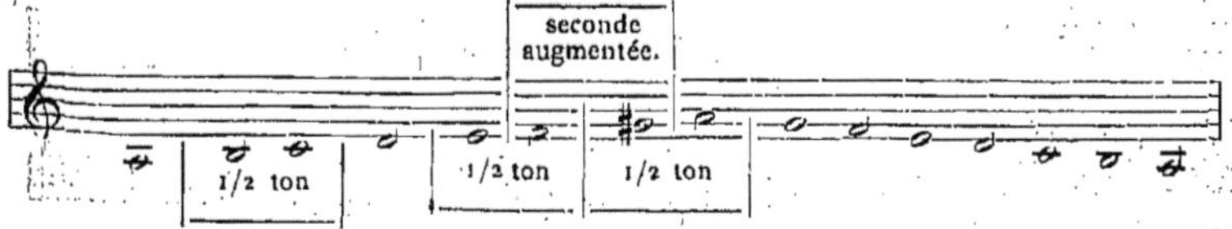

L'intervalle de *seconde augmentée* se compose d'un ton et demi.

La gamme mineure altérée a ses demi-tons placés de la 2e à la 3e note, et de la 7e à la 8e. Il est d'usage de rendre la *sixte majeure* afin d'éviter l'intervalle de *seconde augmentée* qui existe entre la 6ᵉ et la 7ᵉ note. Cette gamme subit une altération lorsqu'elle est descendante, c'est-à-dire que la septième et la sixte sont baissées d'un demi-ton.

GAMME MINEURE ALTÉRÉE

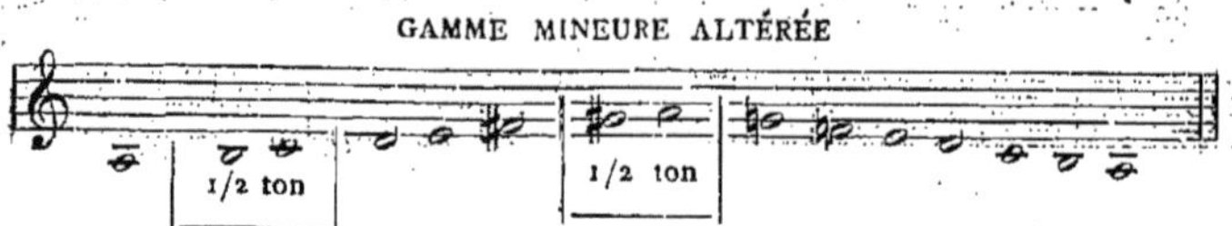

Pour reconnaître si le ton est majeur ou mineur, on regarde si la quinte du ton majeur est altérée (dans les premières ou dernières mesures du morceau) et dans ce cas le morceau est mineur, car cette quinte altérée devient la *note sensible* du ton mineur. Dans le cas contraire, le morceau est dans le mode majeur.

Nous avons dit, page 19, que lorsqu'il n'y avait pas de dièze ou de bémol à la clef, le morceau était en *do majeur* ou en *la mineur*.

EXERCICES SUR LE TON DE *LA MINEUR*

72

Quartes.

73

74

Quintes.

75

76

77

Sixtes.

78

79

Septièmes.
80
Octaves.
81
82 GAMME MINEURE NATURELLE
83 GAMME
MINEURE ALTÉRÉE
84
85
86 1 CANON 2
FIN
A DEUX PARTIES
87

88
89
1 CANON
2
3
90
1 CANON
2
91

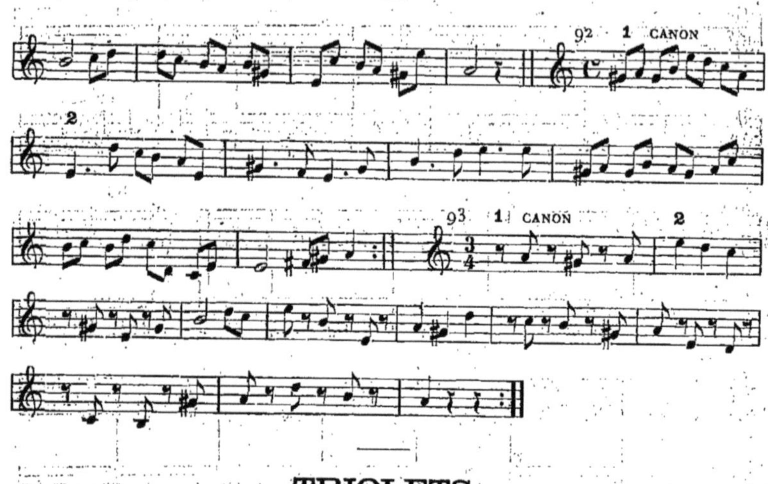

TRIOLETS

On appelle *triolets* un groupe de trois notes devant s'exécuter dans le même espace de temps que deux notes. Il s'indique par le chiffre 3 placé au-dessous ou au-dessus du groupe. Lorsque le groupe est composé de six notes, on le nomme *sextolet* et il se désigne par un 6.

Les *silences* font quelquefois partie des triolets.

SEPTIÈME PARTIE

Les dièzes de l'*armure* se placent de quinte en quinte en montant, en commençant par le *fa*. Nom des dièzes : *fa, do, sol, ré, la, mi, si.*

1 2 3 4 5 6 7

Les bémols se placent de quinte en quinte en descendant, en commençant par le *si*. Nom des bémols : *si, mi, la, ré, sol, do, fa.*

1 2 3 4 5 6 7

Pour trouver le *ton majeur* avec des dièzes, on monte d'un *demi-ton diatonique* au-dessus du dernier dièze placé à la clef.

Pour trouver le *ton majeur* avec des bémols, il faut descendre d'une quarte au-dessous du dernier bémol placé à la clef ; ou bien, s'il y en a plusieurs, c'est toujours *l'avant-dernier* bémol qui est le *ton majeur*.

Nous avons dit plus haut que le ton mineur était toujours une tierce mineure au-dessous du ton majeur.

Il y a deux sortes de demi-tons : le demi-ton *diatonique* et le demi-ton *chromatique*.

Le demi-ton *diatonique* ou *majeur* est celui qui existe entre deux notes d'un nom différent. Exemple :

Le demi-ton *chromatique* ou *mineur* est celui qui existe entre deux notes ayant le même nom. EXEMPLE :

TABLEAU

DES TONS MAJEURS ET DE LEURS RELATIFS MINEURS

9
10
11
A DEUX PARTIES
12

MESURES COMPOSÉES

On appelle *mesures composées* celles dont les temps sont *ternaires*, c'est-à-dire divisibles par *trois*. Ce sont les mesures à $\frac{6}{8}$, à $\frac{9}{8}$ et à $\frac{12}{8}$. Chaque temps de ces mesures doit contenir trois croches ou la valeur de trois croches : les *silences* suivent la même règle. Pour un *silence* d'un temps on emploiera un *soupir* et un *demi-soupir*.

La mesure à $\frac{6}{8}$ se bat à 2 temps.

Exemple :

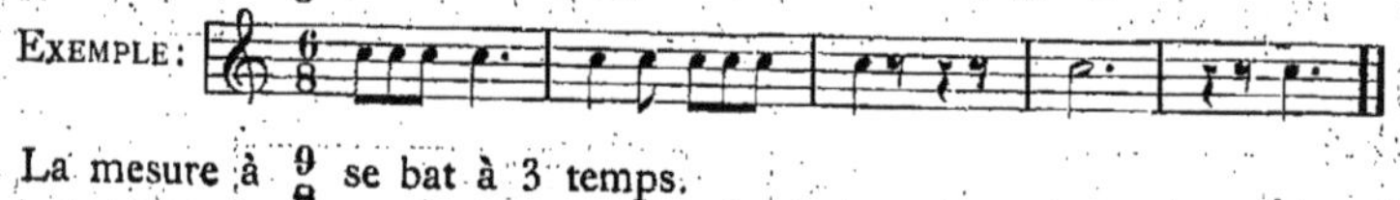

La mesure à $\frac{9}{8}$ se bat à 3 temps.

Exemple :

La mesure à $\frac{12}{8}$ se bat à 4 temps.

Exemple :

16
1 CANON
2
1 CANON 2
MI MINEUR
18
19
20
21
22
33
24
25
26
27

MESURE A NEUF-HUIT $\left(\frac{9}{8}\right)$

28

29 1 CANON

2

30

31

42 1 CANON 2

Pour finir.

FA MAJEUR

44
1
2
MESURE A DOUZE-HUIT (12/8)
45
46
RÉ MINEUR
47
48
49
50
51
52

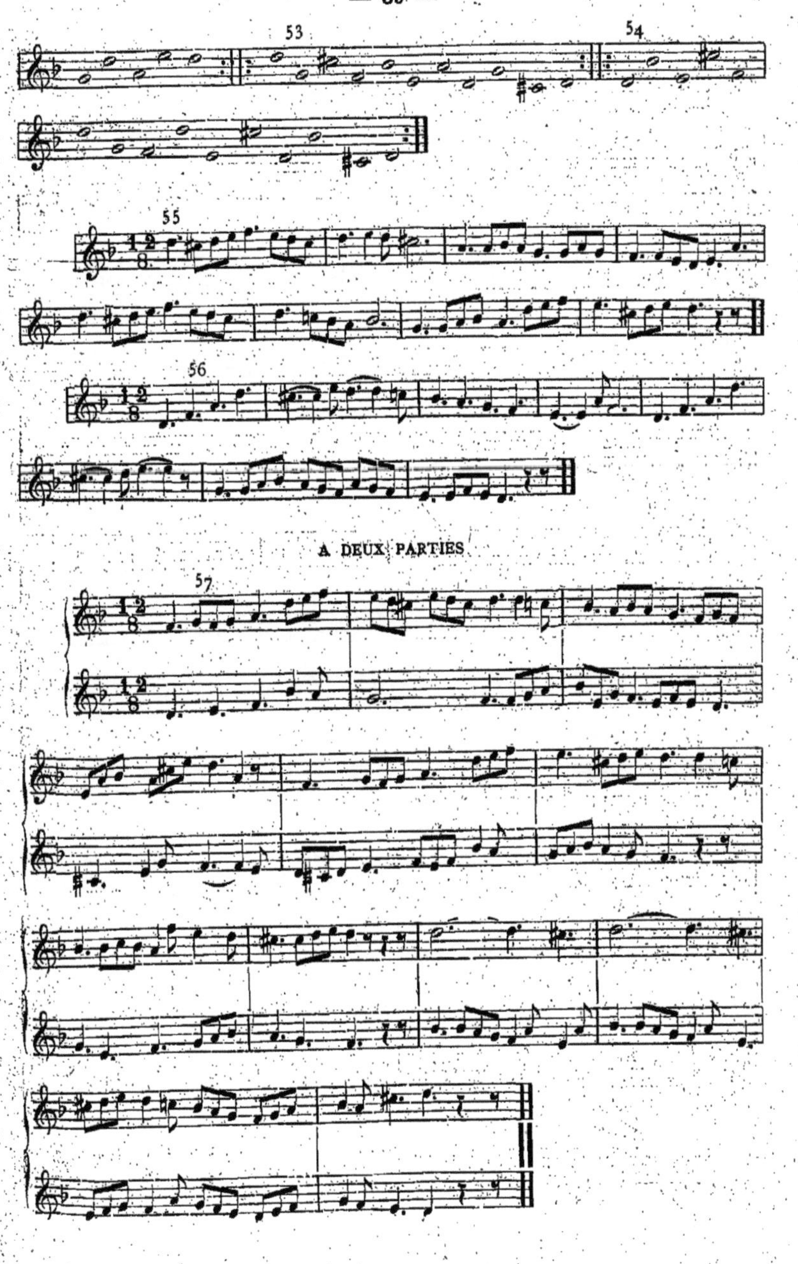
53
54
55
56
A DEUX PARTIES
57

RÉ MAJEUR
58
59
60
61
62
63
64
65
66
67 1 CANON
2
A DEUX PARTIES
68

HUITIÈME PARTIE

EXERCICES SUR LA *DOUBLE-CROCHE*

5
6 1 CANON
2
SI MINEUR
7
8
9
10
11
12
13
14
15

16
17
18
SI ♭ MAJEUR
19
20
21
22
23
24
25

26
27
28
29
30
1
CANON
2

A DEUX PARTIES

40

EXERCICES D'INTONATION

LA MAJEUR

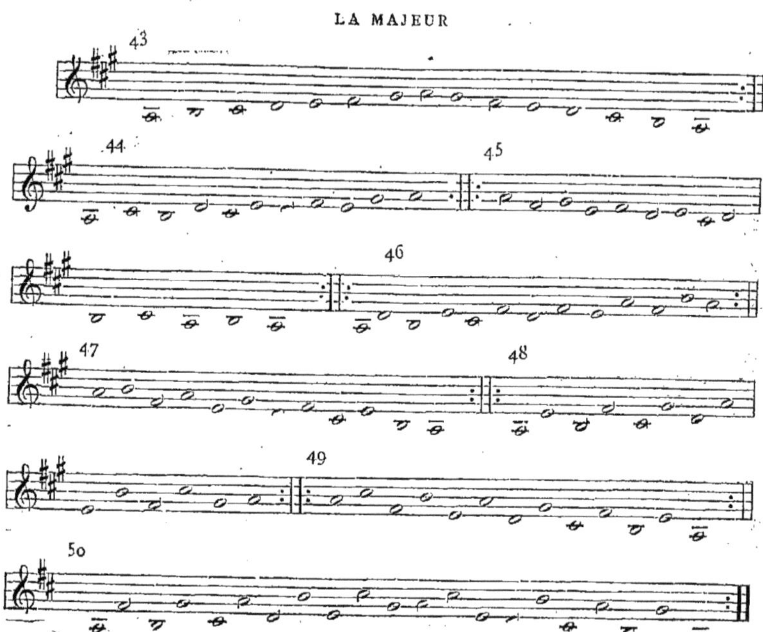

Notes d'Agrément ou petites notes.

On appelle ainsi les notes écrites en petits caractères. Lorsqu'elles sont simples, elles prennent le nom d'*appogiature* et ont la moitié de la valeur de la note qu'elles précèdent.

Effet.

EXEMPLE :

Lorsqu'elles sont *barrées* on les nomme *brèves* et n'appartiennent pas à la mesure. Elles doivent s'exécuter très-vite.

Effet.

EXEMPLE : 

Lorsqu'elles forment un groupe de *deux, trois* ou *quatre* notes, elles prennent le nom de *grupetto.*

EXEMPLE : 

Les *notes d'agrément* ne se nomment pas, elles prennent le nom de la note qu'elles précèdent.

EXEMPLE : 

On appelle *trille* ou *tr* le battement d'une note supérieure sur la note inférieure.

EXEMPLE : 

Le *grupetto* placé à la fin d'un *trille* prend le nom de *terminaison.*

NEUVIÈME PARTIE

NOTES DE LA CLEF DE *FA* 𝄢

LECTURE ET INTONATION

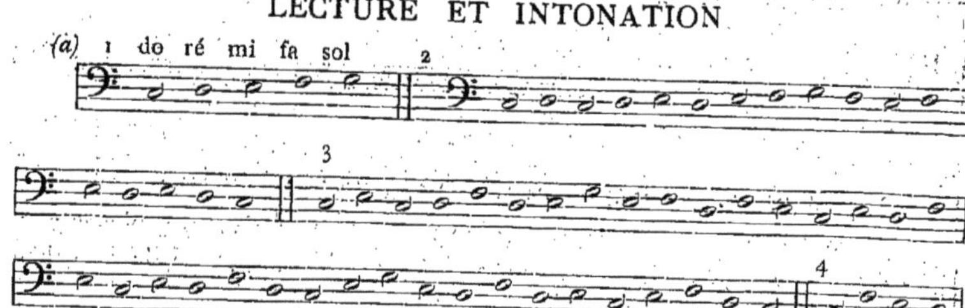

(a) Notes à écrire sur le tableau noir, en suivant les indications de la page 5.

MESURE A TROIS-HUIT ($\frac{3}{8}$)

La mesure à *trois-huit* est une mesure diminuée ; elle a la ♩. pour unité de mesure et la ♪ pour unité de temps.

Notes à écrire sur le Tableau.

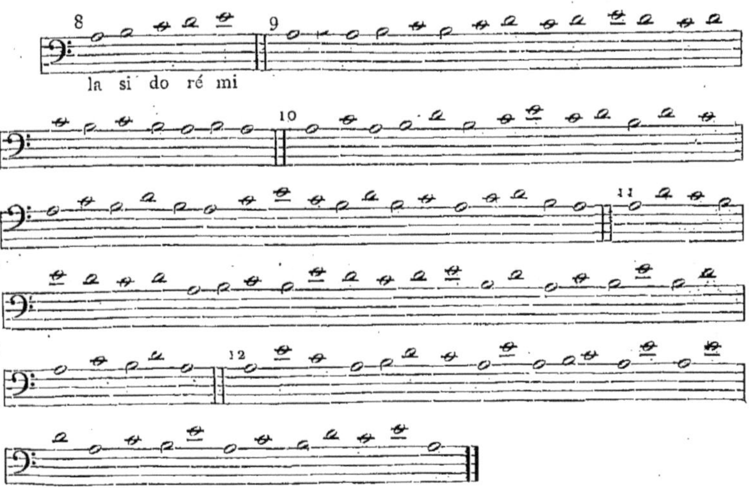

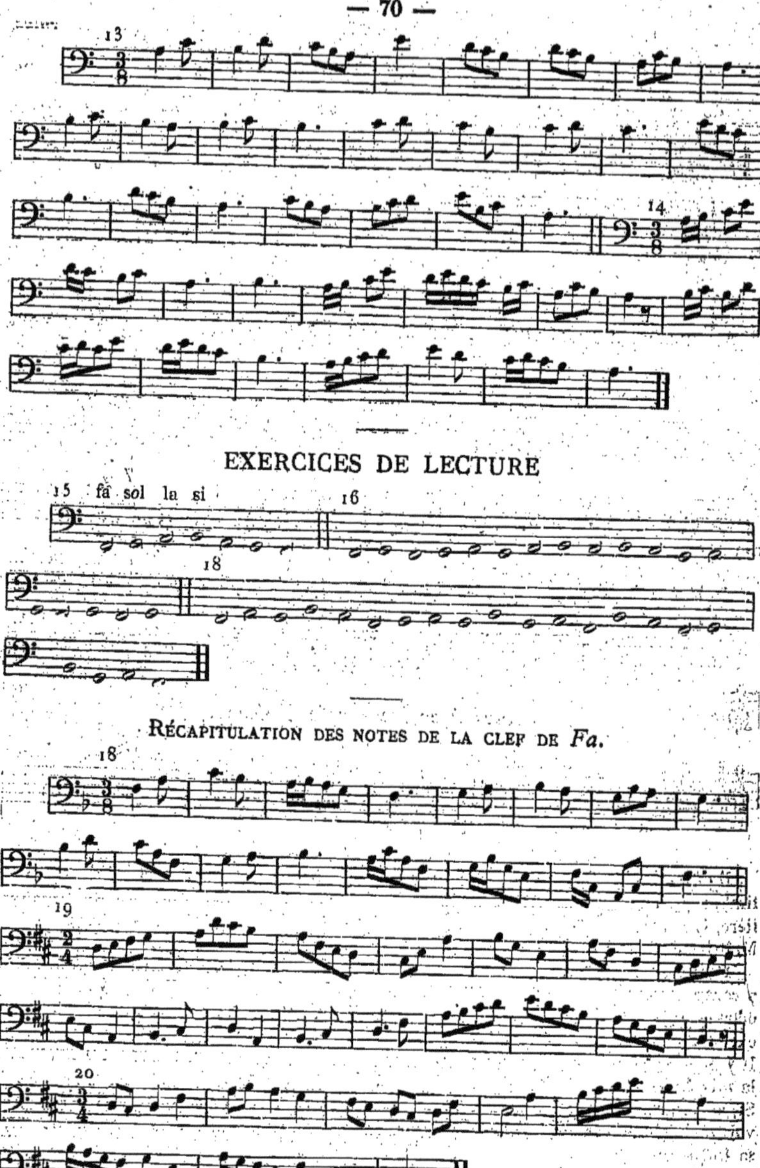
13
14
EXERCICES DE LECTURE
15 fa sol la si
16
18
RÉCAPITULATION DES NOTES DE LA CLEF DE *Fa.*
18
19
20

CLEFS D'*UT*

DIXIÈME PARTIE

EXERCICES

POUR FORMER LA VOIX DE TÊTE CHEZ LES ENFANTS

Le Maître fera chanter les exercices suivants en faisant prononcer la voyelle *a* et en ayant soin de faire ouvrir la bouche, comme si on voulait sourire.

Il devra faire répéter cet exercice jusqu'à ce que toutes les notes graves aient le même timbre que les notes aiguës. Nous recommandons cet exercice d'une façon toute particulière. C'est celui que nous employons pour former la voix de tête chez nos élèves de la Maîtrise de la Basilique de Nîmes.

Pour faire ouvrir la bouche aux enfants, nous nous servons d'un bouchon en liége de 7 centimètres de longueur que nous faisons placer horizontalement entre les dents. A défaut de bouchon, le porte-plume ou bien le doigt de l'élève pourrait servir. Cet exercice renouvelé tous les jours, habitue les enfants à chanter longtemps sans se fatiguer. Il y a plus, grâce à cet exercice quotidien, la *mue* ne produira aucun effet sensible sur la voix de l'enfant, il pourra chanter en *voix de tête* jusqu'à l'âge de *dix-huit ans* environ. Si, au contraire, l'enfant use de la voix de poitrine, non-seulement la *mue* arrêtera sa voix de bonne heure, mais après cette transformation, la voix risque de perdre pour jamais sa fraîcheur.

Il sera bon de les faire chanter tous ensemble, d'abord plusieurs fois de suite, puis par groupe de *cinq* ou *six*, et enfin *deux* par *deux* ou bien isolément.

CHŒURS FACILES A DEUX VOIX

Le Retour des Bergers

A Monsieur Fabre, Instituteur, à Verfeuil.

Poésie de ***

2me Couplet

Déjà sous la voûte étoilée
Les feux du soir se sont éteints
Et des monts la brise embaumée
Vient nous promettre un beau matin.

3me Couplet

Enfin de notre humble chaumière
Nous revoyons le toît béni
Et bientôt dans les bras d'un père
Nous nous trouverons réunis.

La Rose et la Violette.

A Monsieur TRIAIRE, Instituteur.

Mouvement de valse. Poésie de ***

2e Couplet

Au sein de la verdure,
Pour vous retraite obscure,
Pourquoi, petite fleur,
Vivre ainsi sans honneur ?
Ah ! votre destinée
Serait bientôt changée,
Si fille du soleil
Vous regardiez le Ciel.

3e Couplet

Plus je vis loin du monde,
Plus ma paix est profonde ;
Mais pour vous la beauté
Est sans sécurité :
Je ne crains pas l'orage,
Tandis que sans dommage
Vous ne pouvez subir
L'atteinte du zéphir.

4e Couplet

Ainsi simple et modeste
Parlait la violette.
Le vent sans l'effleurer
Vint bientôt effeuiller
Notre rose naguère,
De son éclat si fière :
Pour vivre en sûreté
Il faut vivre caché.

Le Coq et le Renard

A Monsieur VIDIL, Instituteur à St-Ambroix.

Poésie de ***

2e Couplet

Le coq séduit par la louange
Fermant les yeux, battant du flanc,
Répète aux échos de la grange [*bis*
Un beau coc-ri-co triomphant.
Mon gascon aussitôt s'élance
Sur le volatile orgueilleux,
Et vers la forêt, je le pense
En courant l'emportait joyeux.

3e Couplet

Mais tout-à-coup notre compère
Voit sur la route un gros mâtin (*bis*)
Quel embarras ? Que faut-il faire
Pour conserver son cher butin ?
Le coq lui dit : « La belle affaire !
« Criez tout haut : Monsieur le chien,
« Il est à moi de bonne guerre,
« J'ai des témoins, sachez le bien. »

4e Couplet

Le fin renard se laisse prendre
A ce conseil, si dangereux : (*bis*)
Il veut parler, et sans attendre
Le coq s'enfuit vers d'autres lieux ;
La langue qui ne sait se taire,
Dit le renard, est un fléau.
Il est bon que langue et paupière
S'ouvrent, se ferment quand il faut.

Le Travail

A Monsieur Eugène PRIAD.

Poésie de ***

2e Couplet

Seul un sot pourra dire
Que vous n'avez, enfants,
Qu'à jouer, à bien rire
En vos premiers printemps.
Pour vous soyez plus sages
Et ne croyez jamais
Ce dangereux adage
Aux séduisants attraits. } *bis.*

3e Couplet

C'est le travail utile
Qui rend vraiment joyeux;
Par lui tout est facile
A l'enfant studieux :
Sans lui toute la vie,
Les fêtes et le bruit
Ne sont que broderie
Sur un tissu d'ennui. } *bis.*

4e Couplet

Avec persévérance
Préférez le trésor
Des vertus, des sciences,
A tout l'éclat de l'or.
Leurs fonds inépuisables
Combleront vos désirs,
Leurs secrets tout aimables
Deviendront vos plaisirs. } *bis.*

Les Gondoliers

Barcarolle

2e strophe

La vague douce
Comme la mousse
Meurt sans secousse
Contre l'esquif,
Et la gondole
Joyeuse et folle
Glisse et s'envole
Loin du récif.
Alerte, gondoliers, etc.

Le Nid

Poésie de ***

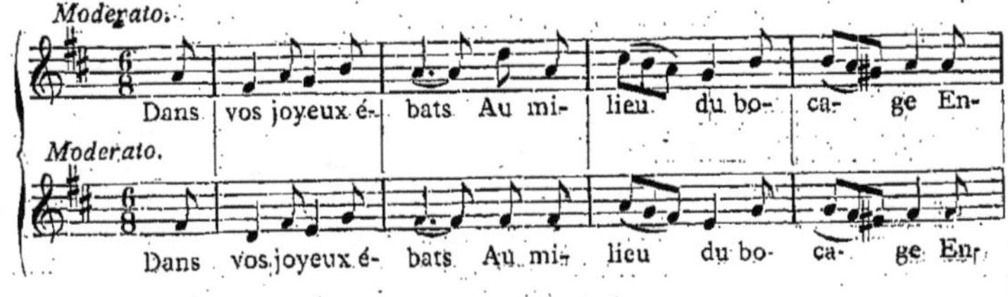

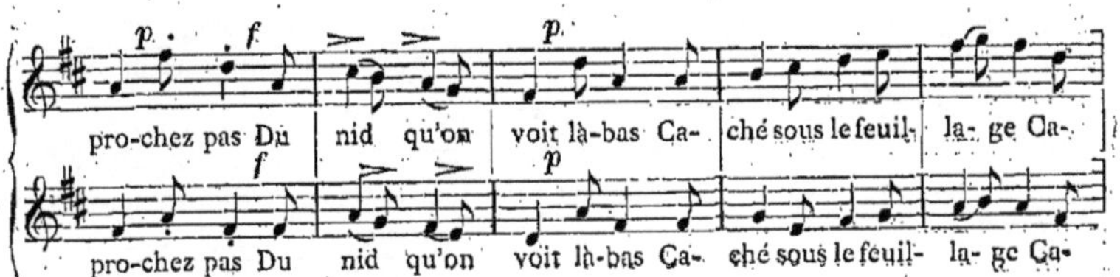

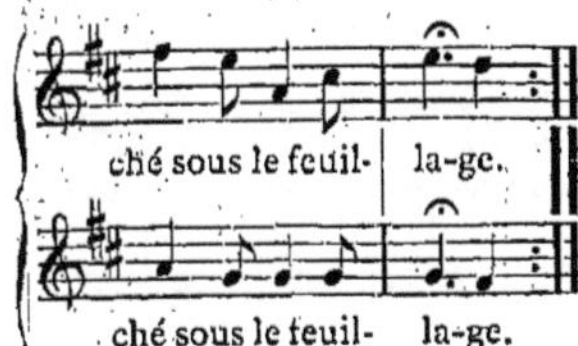

2e Couplet

Ne privez pas vos champs
De leurs plus doux mystères!
Ce petit nid, enfants, } *bis.*
C'est l'espoir du printemps. }
Et l'amour d'une mère *(bis).*

3e Couplet.

C'est Dieu qui fit l'oiseau
Chantre de la nature :
Voyez : son doux berceau } *bis.*
Se balance à l'ormeau. }
Dont il est la parure *(bis).*

Les Écoliers

A mon neveu Pierre MARTIN

Poésie de ***

2e COUPLET

Chut! enfants, travail et silence:
Il n'est plus temps de s'amuser;
Il faut lutter avec vaillance;
D'ardeur il faut rivaliser.
Si le travail paraît pénible
Aux étourdis, aux mauvais cœurs,
Ses charmes sont irrésistibles
Pour ceux qui tiennent à l'honneur. } *bis.*

3e COUPLET

Du lauréat, voici la place,
Après lui les plus méritants,
Et là-bas, au fond de la classe
Sont rangés les récalcitrants.
Honte aux élèves inhabiles
Qui sur ces bancs iront s'asseoir;
Mais gloire aux écoliers dociles!
De la patrie ils sont l'espoir. } *bis.*

FIN

www.ingramcontent.com/pod-product-compliance
Ingram Content Group UK Ltd.
Pitfield, Milton Keynes, MK11 3LW, UK
UKHW022116260726
13993UKWH00003B/1052